Antiquités d'He

Tome V. Bronzes

Tommaso Piroli

Alpha Editions

This edition published in 2024

ISBN : 9789362996114

Design and Setting By
Alpha Editions
www.alphaedis.com
Email - info@alphaedis.com

TOME V.
BRONZES
AN XIII. = 1805.

PLANCHE I.

(Pl 2, 3, t. VI de l'Édition royale.)

FIG. I. Nous suivons un ordre naturel en commençant la suite des figures entières par les Divinités. Jupiter, le souverain des Dieux, doit paraître le premier; on le reconnaît facilement à ce caractère donné de grandeur et de majesté, à sa chevelure touffue, à sa barbe épaisse et profonde, et au foudre dont il reste un fragment dans sa main droite. Tout le nu du bras gauche est une restauration moderne. L'artiste, par imitation de quelques statues antiques, n'a mis dans la main du Dieu qu'une portion du sceptre. Le sceptre est donné avec raison à Jupiter, comme l'un de ses principaux attributs. Quelques fois ce n'est qu'un long bâton (*hasta*) marque d'honneur des premiers rois: souvent il est surmonté d'un aigle, d'un petit globe ou d'un fleuron. Ovide peint Jupiter appuyé sur un sceptre d'ivoire (*Mét.* I. 180.). Les Pythagoriciens croyaient ce sceptre, de bois de cyprès, arbre consacré à la mort qui sert de passage à l'immortalité. Le sceptre seul était quelquefois l'emblème de Jupiter, et c'est dans ce sens redoutable qu'on l'employait dans les alliances et les traités de paix (*Serv.* 12. *Œn.* 206.)

On s'est dispensé de donner ici quatre autres petites figures de Jupiter qui suivent celle-ci dans l'édition royale.

FIG. II. Cette idole, de style étrusque, ayant sur la tête un voile et une couronne radiée, paraîtrait, avec assez de vraisemblance, représenter Junon. Elle tient une pomme ou plutôt une grenade, fruit mystérieux consacré à

Junon *Argive*. Sous ce nom, Junon avait un temple fameux fondé par Jason, chez les Toscans, dans le Picentin. La grenade que Philostrate croit révérée comme un symbole de fécondité, était aussi un attribut de Vénus *Genitrix*. On sait que, sous ce titre, Vénus, était souvent confondue avec Junon.

FIG. I.—Hauteur, 7 p°.

FIG. II.—1 P. 5 lig.

PLANCHE II.

(*P. 4, 5, t. VI de l'Edition royale.*)

FIG. I. On retrouve encore dans ce bronze le style étrusque. Cette dénomination de style étrusque ou toscan, peut, comme nous l'avons observé ailleurs, se rapporter au style grec antérieur Phidias. Les Etrusques n'ont fait que copier ce style primitif; de là on a donné à ce style le nom de *tuscanicus*. A remarquer seulement la couronne surmontée de petites pommes, et la corne d'abondance, on serait porté à reconnaître ici une figure de Pomone; mais la réunion de tous les attributs paraît peu lui convenir. Ce n'est pas non plus une Junon; les rapports qu'on a essayé de trouver entre cette Déesse et la figure, ne sont pas exacts. Une Déesse avec la corne d'abondance et avec la patère, est constamment désignée sur les médailles par le nom de *Concordia*, en grec *Homonoia*. La patère signifie les libations et les rites sacrés qui avaient lieu dans les alliances; la corne d'abondance signifie les biens qui sont l'effet de la concorde et de la paix. Les globules de la couronne paraissent représenter des gemmes; l'un des bracelets en est orné, l'autre est un *ophis*; les pendans d'oreilles sont d'une forme particulière. L'habillement se termine vers le cou par une espèce de collet, ornement qui en paraît détaché. Tous ces détails ramènent encore l'idée des richesses produites par la concorde.

FIG. II. *Pallas* tenant une patère, et dans l'attitude de s'appuyer sur une lance qui manque. Ce bronze, d'un excellent travail, reçoit encore un nouveau prix de l'argent, habilement employé former les écailles de l'égide, les ornemens du cimier, les boutons de l'habit, l'anneau, les yeux, et les ongles des pieds et des mains. Les draperies, dont les plis sont de la plus grande élégance, se rapportent à la description que Pausanias fait de la statue de Pallas à Athènes. Cette Déesse prenait le nom de *Pallas* de ce qu'elle était sortie toute armée du cerveau de Jupiter: sous le nom de *Minerve*, c'était la fille de la Mémoire, l'intelligence suprême ou la sagesse, cette force secrète avec laquelle la nature agit d'elle-même et produit tout, suivant l'explication d'Athénagore (*in Apolog. p. 209*); c'est ce que signifiait cette inscription posée dans le temple de Saïs en Égypte, où elle était adorée: «Je suis tout ce qui fut, ce qui est, ce qui sera, et nul mortel n'a encore soulevé mon voile». (PLUT, *De Is. et Os.*).

FIG. I.—Hauteur, 9 p°.

FIG. II.—Hauteur, 7 p°. 6 lig.

PLANCHE III.

(*P. 6, t. VI de l'Edition royale.*)

La finesse du travail, la grâce et la vérité de la pose, nous ont engagé a présenter cette petite statue de *Pallas* sous un double aspect. La main gauche élevée devait tenir la pique. On avait cherché, dans l'isolement de l'index, une intention, une expression religieuse qu'on a remarquée, avec plus de justesse, dans quelques autres statues antiques. Si ce mouvement était ici l'effet d'un geste déterminé, il ne serait pas donné à la main gauche. La naissance de Minerve est le plus bel emblême que la Mythologie nous offre de la sagesse ou de la Providence divine; c'est par excellence «da seule fille d'un seul père». (*Arist. Hym. in Min.*). »L'auteur, le souverain de l'univers, n'avait point d'égale en dignité avec qui il pût la créer; il se recueillit en lui-même et de soi-même, l'engendra et l'enfanta». La Déesse porte sur une patère la chouette, l'un de ses attributs distinctifs. La patère, dans la main d'une Divinité, annonce qu'elle est favorable, et l'oiseau symbolique semble désigner particulièrement que ses faveurs se répandent sur son peuple d'Athènes. Phidias, pour flatter le peuple, n'avait point dédaigné d'exposer la chouette à la vénération publique avec là statue de Minerve.

Hauteur, 5 p°. 5 lig.

PLANCHE IV.

(P. 7, 8, t. VI de l'Edition royale.)

FIG. I. *Minerve* tenant une chouette dans la main. C'est ainsi qu'on représentait la Déesse sous le nom d'*Archegetis* (conductrice ou plutôt auteur de l'origine). La chouette, emblême de la vigilance et de la prudence, d'attribut de la divinité protectrice d'Athènes, était devenue en quelque sorte le symbole du peuple même. La figure de cet oiseau était frappée sur les monnaies; elle servait de marque et de sceau public, et, dans la main de Minerve, signifiait la ville protégée par elle.

FIG. II. *Pallas* tenant sa lance d'une manière offensive. On peut la considérer ici comme vengeresse.

FIG. III. Autre *Pallas* d'un très-bon travail. Il manque la main droite, et probablement la lance.

FIG. IV. Autre *Minerve*, curieuse par le cimier aîlé qu'elle porte sur la tête. On trouve sur quelques gemmes des figures de Minerve avec des aîles au cimier, emblême de la vélocité et d'une irrésistible impétuosité. L'égide de côté se rapporte au même sens; la Déesse la porte toujours ainsi lorsqu'elle est aîlée. Le casque de Minerve est aîlé sur presque toutes les médailles d'argent de la République Romaine. Les Etrusques donnaient aussi des aîles leurs Minerves, quelques fois sur le cimier, quelques fois aux épaules; ici le cimier a la forme du bonnet phrygien. On le voit de même dans un vase étrusque publié par Demster (*tome I, pl. 30 et 32*).

Hauteur de chaque Figure, 3 p°. 4 lig.

PLANCHE V.

(*P. 9, 10, t. VI de l'Edition royale.*)

FIG. I. On peut, avec beaucoup de vraisemblance, reconnaître un Neptune dans cette petite statue d'un très-bon travail, et dont la base est enrichie d'ornemens en argent. C'est dans cet aspect féroce, dans ces cheveux hérissés, dans cette barbe touffue, dans cette large poitrine, dans cette complexion ferme et robuste, qu'il faut chercher les traits qui caractérisent le Dieu souverain des mers. Les poètes appelaient les hommes farouches et cruels, les fils de Neptune, comme ils disaient fils de Jupiter, les hommes magnanimes et généreux; la mer était l'image de la violence et de la fureur. Neptune, au-lieu du trident, son attribut distinctif, porte ici une longue lance pointue, dans laquelle on peut reconnaître cet instrument nautique désigné sous le nom de *contus*, qui servait à sonder les rivages et à dégager les vaisseaux. Pausanias (*VI, 25*) en parlant d'une statue de Neptune jeune, en Elide, dit que le Dieu était appuyé de ses deux mains sur une lance; on voyait encore à Athènes, au rapport du même auteur (*I, 2*) la statue de Neptune combattant à cheval une lance à la main. On a déduit de ce témoignage et de quelques passages pris dans les poètes, que l'antiquité honorait *Neptune équestre*, en reconnaissance de l'art de dompter les chevaux, art inventé par ce Dieu. Mais, sans avoir recours à des applications forcées, il nous suffira de faire remarquer ici que la figure parle d'elle-même, et que d'ailleurs on trouve dans le bronze l'indication d'une pièce transversale qui formait probablement le trident endommagé par le temps.

FIG. II. Victoire portant un trophée, monument étrusque, comme le démontrent le style et les ornemens de la figure. Les Toscans décoraient leur Victoire de colliers, différant en cela des Grecs et des Romains qui leur donnaient la palme pour attribut. Les bracelets à gemmes, les colliers et les couronnes radiées étaient la parure des divinités étrusques; celle-ci porte en écharpe une tresse où paraissent des feuilles et des croissans: nous avons déjà remarqué ces croissans comme servant d'ornemens aux harnais des chevaux (*Peint, tom. II, pl. 44*). La chaussure fermée est encore du costume. La Victoire est ici sans aîles, comme on la représentait à Athènes et dans l'Élide.

FIG. I.—Hauteur, 8 p°.

FIG. II.—Hauteur, 7 p°. 9 lig.

PLANCHE VI.

(*P. 11, 12, t. VI de l'Édition royale.*)

Ce bronze d'une grande beauté, que nous donnons sous deux aspects différens, représente une Diane chasseresse avec ses attributs les plus distincts. Ses cheveux soigneusement relevés, sont retenus par de longues tresses qui se terminent sur le sommet de la tête en forme de croissant. Son vêtement est l'habit succinct; relevé dans la ceinture, il la recouvre, et, retombant à double étage, il s'arrête au-dessus du genou: on croit reconnaître, dans le bronze, ces rayures qui font appeler par Callimaque la robe de Diane, *robe rayée*; la peau d'une bête fauve lui ceint la taille et prête aussi un ornement à ses brodequins; cette chaussure est étroitement lacée et garnie de boutons, c'est l'*endromide* des chasseurs. La Déesse est dans l'attitude de décocher une flèche.

Cette figure de Diane est suivie, dans l'édition royale, de quatre autres petites qui offrent peu d'intérêt, et que nous nous dispensons de rapporter ici.

Hauteur, I P. 5 lig.

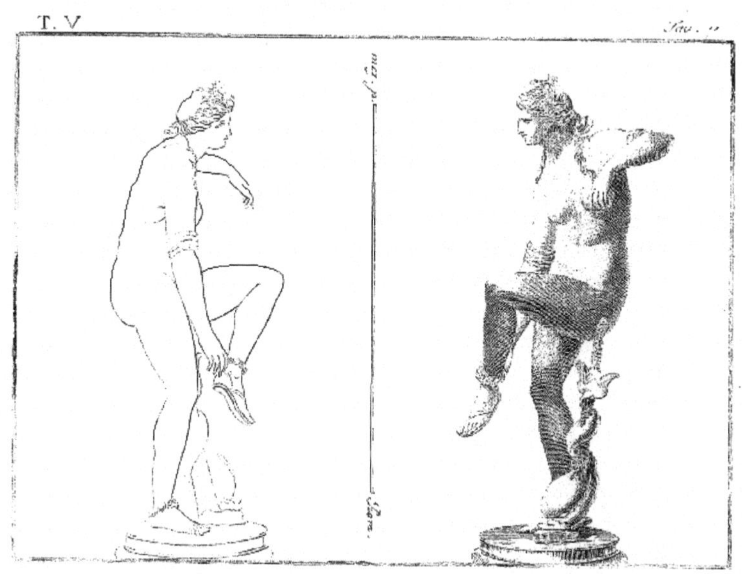

PLANCHE VII.

(P. 14, t. VI de l'Édition royale.)

On peut dire ce petit bronze d'un fini précieux et d'une délicatesse exquise; il représente une Vénus appuyée du bras gauche sur un tronc autour duquel s'enlace un Dauphin, tandis que de la main droite la Déesse s'apprête à ôter ou à remettre sa sandale. Elle porte au bras un large bracelet, et au bas des jambes l'ornement dit *periscélis.* La grâce et la beauté de cette figure rappelle les plus beaux modèles; l'action annonce Vénus au bain; c'est le motif que saisit Praxitèle pour excuser l'innovation hardie de représenter sans voile la plus belle des Divinités: un exemple si favorable pour faire briller les ressources de l'art, fut suivi par tous les grands maîtres et par leurs imitateurs. Le Dauphin placé près de Vénus rappelle le mythe de sa naissance. Cette allégorie n'est nulle part mieux exprimée que dans la belle statue dite la *Vénus de Médicis*, où l'on voit sur le Dauphin les deux Amours présens sa naissance, Himeros et Eros. Le Dauphin désigne donc par-tout Vénus *aphrodite* ou marine. On peut encore étendre plus loin l'emblème de ce poisson, de tous le plus sensible à la volupté; comme le ramier, il connaît les douceurs de l'union conjugale (*Pline. IX*, 8.); il quitte les grottes profondes pour venir à la surface des eaux entendre une voix mélodieuse, et suivre les humains; c'est enfin dans l'empire de Neptune, le messager des affaires amoureuses, et sa figure brille parmi les constellations célestes, par la reconnaissance d'Amphitrite (*Igin. Astr. poet. II.* 17.)

Hauteur, 5 p°.

PLANCHE VIII.

FIG. I. VÉNUS, d'une exécution précieuse. Près d'elle est un vase couvert d'une draperie qu'elle soulève. On voit souvent placés près de Vénus, ces sortes de vases, assez grands, qu'on a mal-à-propos confondus avec les albâtres servant à contenir des parfums. Il est peu d'amateurs d'antiquités qui ne possèdent de ces petits flacons nommés albâtres, de la matière dont ils étaient primitivement formés, faits ensuite de toutes sortes de pierres précieuses, de terre cuite même, et d'or et d'argent. On peut encore en prendre une idée par la comparaison que fait Pline de ces flacons, à des perles taillées en forme de poire, et à des boutons de rose. Les grands vases ne sont autre chose que des aiguières (*hydriæ*); donnés comme attribut distinctif à Vénus, ils rappellent ces soins délicats qui entretiennent l'éclat de la beauté, comme la rosée nourrit la fraîcheur des filles du printemps.

FIG. II. Autre Vénus. Elle est occupée à arranger ses cheveux; une draperie qui paraît avoir glissé par négligence, s'est arrêtée au-dessous de la ceinture.

Nous omettons trois petites figures de la même Divinité, peu intéressantes.

Hauteur de chaque Figure, 5 p°. 3 lig.

PLANCHE IX.

(*P. 18, 23, t. VI de l'Édition royale.*)

FIG. I. Un jeune homme nu, le casque en tête, sans aucun autre ornement ni attribut. Les mains sont placées de sorte qu'elles paraissent avoir tenu quelque objet, peut-être une lance; la poitrine large et relevée est un signe de force. L'opinion la plus vraisemblable est que cette figure représente le dieu Mars. Nous l'avons déjà vu nu et imberbe dans une peinture (*tome III, pl. 15*). Nous avons aussi fait quelques remarques sur un casque ras assez semblable à celui-ci (*Bronz. t. IV, pl. 43*). Eschyle distingue Mars par ce seul nom, *la Divinité au casque d'or.* Il faut considérer ici le casque, seul attribut donné à ce bronze, comme celui du Dieu de la guerre. Parmi les différens surnoms donnés cette Divinité, on remarque celui d'*Enyalius*; sous ce nom, quelques Mythologues ont cru retrouver une autre Divinité; un fils du dieu Mars, adoré ou confondu avec celui-ci.

FIG. II. Ce bronze également précieux par le travail et la rareté, représente un Cabire, que l'on reconnaît au fer ou ciseau qu'il tient à la main, et principalement au bonnet pointu qui lui est propre. Nous avons eu occasion de parler de ces Divinités dans les peintures (*tome III, pl. 23*). Quoique leur culte mystérieux ait été universellement répandu, leurs images sont extrêmement rares. De toutes les recherches qui ont été faites à leur sujet, on peut déduire qu'il s'était établi sous le patronage des Cabires, une sorte de confrérie ou de société philantropique, dont l'esprit dérivait du respect qu'inspiré l'utilité des arts mécaniques. Les attributs des Cabires étaient le bonnet pointu et le marteau de Vulcain. On retrouve l'esprit de cette société dans tous les âges, il s'est du-moins perpétué chez les modernes dans différentes institutions, et, en remontant à son origine, on le voit sortir des montagnes de la Phrygie, dites Cabires, c'est-à-dire du sein des peuples les plus anciens qui soient connus par l'histoire profane. Les mystères cabiriques étaient proprement dits *samothraciens* de l'île de Samothrace, où régnait le culte des Cabires, et où se faisaient les initiations.

FIG. I.—Hauteur, 9 p°. 6 lig.

FIG. II.—Hauteur, 8 p°. 6 lig.

PLANCHE X.

(P. 19, t. V de l'Édition royale.)

FIG. I. Pallas. Il lui manque la main droite, et la lance ou un autre instrument qu'elle tenait de la gauche.

FIG. II. Apollon tenant son carquois fermé et son arc débandé, signe de clémence et de faveur, comme nous avons déjà eu occasion de l'observer ailleurs.

FIG. III. Hercule avec la peau du lion et la massue.

FIG. IV. Esculape avec une patère et le serpent entortillé à son bâton.

Ces quatre Divinités appartiennent à la médecine. On sait qu'Apollon en fut l'inventeur, et qu'Esculape son fils en fit un art. Hercule était le médecin des Messéniens dans toutes leurs maladies (*Arist. in Hert. p. 61.*); il était surnommé

Alexicacus (qui repousse les maux). Dans une inscription, il est appelé *Salutifer* (*Muratori, LXII, 9.—LXV. 5.*).

Minerve avait des temples dans la Grèce sous le nom d'*Ophthalmitis* et d'*Hygea*, et à Rome sous le nom de *Medica*: on indique encore les ruines de ce dernier temple.

Hauteur de chaque Figure, 3 p°. 10 lig.

PLANCHE XI.

(*P. 20, t. VI de l'Édition royale.*)

Cette figure d'Hercule joint le mérite de la conservation au mérite de l'exécution. La peau du lion, la massue, servent moins encore à la faire reconnaître, que le caractère imprimé à ce bronze. Nous avons déjà fait remarquer combien les anciens observaient religieusement, dans les images de leurs Dieux, la physionomie une fois reçue: «d'un aspect terrible, d'une taille élevée, robuste, nerveux, les cheveux crépus, le teint basané, le nez aquilin et des yeux d'azur lançant une flamme foudroyante,» tel est le portrait d'Hercule, tracé par les écrivains; ces mêmes traits se retrouvent facilement dans tous les monumens de la peinture, de la sculpture et de la statuaire.

Ce bronze est actuellement dans le Cabinet de S.M. l'Impératrice et Reine, à la Malmaison. Les proportions de cette statue sont un peu lourdes.

Hauteur, 2 pieds 2 pouces.

PLANCHE XII.

(P. 24, t. VI de l'Édition royale.)

Ce bronze précieux par la beauté du travail et par sa rareté, représente une jeune femme qui, de la pointe de ses pieds réunis, se tient debout sur un globe. Cette seule indication toute particulière, semble suffire pour faire reconnaître la Fortune. Souvent on voit cette inconstante Déesse représentée avec une roue ou un globe auprès d'elle, et quelques fois sous le nom de

Redux, avec le globe à la main. Nous ne connaissons point de monumens où elle soit posée sur le globe; mais cet emblème se retrouve dans d'anciennes traditions et d'anciens écrits. Dans le tableau de Cébès, la Fortune est ainsi décrite: «Quelle est cette femme qui paraît être comme une aveugle et une furieuse, et qui se tient debout sur une pierre ronde?—C'est la Fortune non-seulement aveugle, mais encore folle et sourde, et cet attribut dévoile bien sa nature.—Quel est-il cet attribut?—De rester debout sur une pierre ronde.—Eh! qu'est-ce que cela signifie?—Qu'aucun de ses dons n'est sincère ni stable, et que la chute sera profonde et cruelle à qui osera se fier à elle». C'est cette *pierre ronde* des anciens artistes que leurs successeurs ont remplacé par une roue. L'antiquité du symbole reproduit dans ce bronze, peut faire penser qu'il est d'ouvrage étrusque. L'union des jambes si agréablement motivée, s'accorde avec cette opinion, confirmée par le collier de gemmes et de rayons. Cette figure pourrait être la déesse *Nortia* des Toscans, reconnue communément pour être la même que la Fortune. Ses cheveux sont rassemblés sans recherche dans un nœud fixé derrière la tête; une tunique courte sans manches, soutenue sur les épaules par deux agraffes; une seconde tunique tombant sur les pieds, forment son vêtement souple et léger; d'une main elle tient avec grâce l'un des bouts de la première; de l'autre, elle soulève un pan de la seconde, et les plis cèdent, sur tout son corps, l'aspérité des formes de la jeunesse. C'est encore l'image de la Fortune Vierge, décrite par Varron, et revêtue de deux robes ondoyantes.

Le globe sur lequel pose la figure, est orné d'un feston de feuilles de laurier: cette particularité fait douter M. Viscontí de l'explication donnée. Ce globe ne serait-il pas une cortine, un couvercle de trépied, et la danseuse ne serait-elle pas la prêtresse de Delphes, saisie de l'inspiration du Dieu?

Hauteur, 1 pied 1 pouce 6 lig.

PLANCHE XIII.

(P. 25, 26, t. VI de l'Édition royale.)

Cette Fortune, ouvrage d'un excellent artiste, se présente, avec ses attributs les plus connus, le timon et la corne d'abondance. Elle porte de plus, sur la tête, le groupe des symboles qui appartiennent à Isis, la fleur du lotus (ciselée en argent), les plumes, le *modius* ou boisseau. Nous avons déjà fait remarquer (*Tome IV, pl. III*) que la Fortune partageait avec la Divinité des Égyptiens, les emblêmes de l'abondance; et en effet, Apulée (*Met. XI*) ne fait d'Isis et de la Fortune qu'une même Divinité; mais c'est, pour emprunter ses expressions, «cette Fortune clairvoyante qui, de l'éclat de sa lumière, illumine tous les autres Dieux», Déesse opposée à la Déesse aveugle, la divine Providence elle-même. On sait combien les opinions sur la Fortune ont été variées; les uns lui ont donné l'empire de toutes les choses accidentelles; les autres, des choses suivies, qui dépendent de l'ordre de l'univers soumis à l'immuable destin. Elle était adorée comme versant ses influences sur les sexes, les ordres de l'état, les villes, les nations entières et les souverains qui les gouvernent: de-là les temples élevés à la Fortune virile, à celle des femmes (*Muliebris*), à la Fortune équestre, à la Fortune d'Antium, de Préneste, à la Fortune du peuple Romain, à celle d'Auguste; on honorait jusqu'à la Fortune de la journée. Nous croyons pouvoir nous dispenser de rapporter plusieurs petites figures de la Fortune, qui suivent dans l'édition originale celle que nous donnons ici en deux dessins. Ce beau bronze réunit tout ce qui peut satisfaire la curiosité. Nous ferons encore remarquer le bracelet en forme de serpent; il ne paraît pas ici un ornement ordinaire. Symbole de la santé, symbole de la Divinité chez les Égyptiens, on le voit encore attribué à d'autres images de la Fortune. On admirera l'élégance et la belle distribution des plis de la draperie; l'écharpe dentelée qui forme un nœud sur la poitrine, se rencontre souvent dans les figures d'Isis. Enfin, cette belle figure peut être considérée comme l'emblème le plus complet de la Divinité qui préside à la félicité humaine.

Hauteur: 1 P. 2 p°.

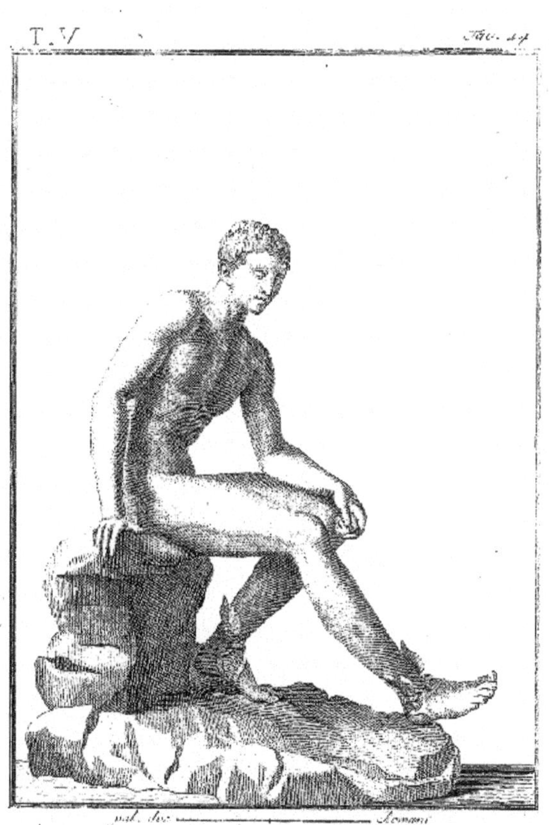

PLANCHE XIV.

(P. 29, t. VI de l'Édition royale.)

Les connaisseurs ont regardé cette statue comme l'ouvrage en bronze le plus précieux et le plus parfait qui reste de l'antiquité, digne en quelque sorte d'entrer en comparaison avec les chefs-d'œuvre de la sculpture en marbre. Pline, parmi les nombreuses statues en bronze les plus estimées de son temps, cite les Mercures de Polyclète, de Naucydès, de Cephissodore et de Pisicrate; c'est une chose vraîment remarquable que, de tant de fameuses statues de bronze de Polyclète, de Silanion, de Pythagoras, de Lysippe et d'autres excellens statuaires, aucune ne soit parvenue jusqu'à nous. On doit, sans-doute, en attribuer la cause aux incendies, aux saccages dont les cités, et Rome particulièrement, furent si fréquemment la proie, et sur-tout à l'avidité des barbares qui ne voyaient que du métal dans les œuvres du génie; le marbre, inutile pour eux, fut plus respecté, et des merveilles de l'art qui ont survécu à tant de nations, font encore aujourd'hui la gloire de celles qui les possèdent. Ce Mercure, ainsi que d'autres monumens plus fragiles, que nous avons déjà exposés, n'a dû sa conservation qu'à l'engloutissement d'une cité toute entière, qui, après plusieurs siècles, rend toutes ses richesses à la terre d'où elle avait été effacée. Oh! combien il est consolant pour le génie qui tend à l'immortalité de voir par quels miracles dans tout l'univers la gloire des arts échappe encore au temps destructeur!

Trouvé à *Portici*, le 3 août 1758.

Hauteur, 4 Pieds.

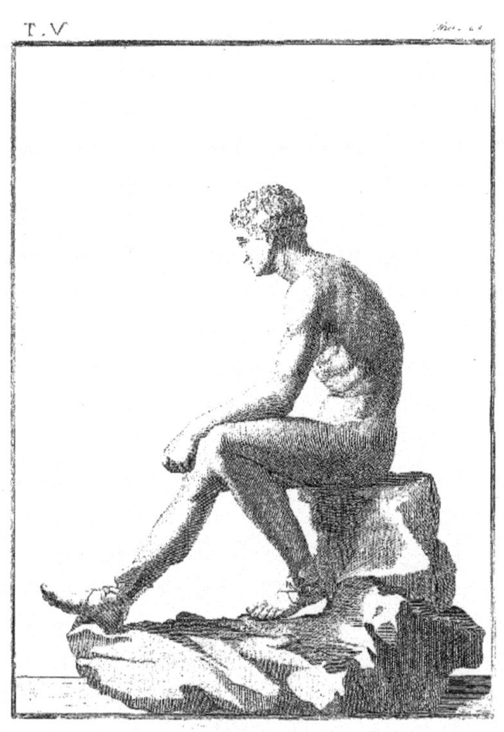

PLANCHE XV.

(P. 31, t. VI de l'Édition royale.)

Voici la même statue de Mercure que nous offrons sur un autre point de vue. Les aîles au talon, se trouvant le seul attribut de la figure, auraient pu la faire prendre pour l'image de Persée, si de la comparaison des monumens, il ne résultait une opinion bien établie en faveur du messager des Dieux. On voit dans Béger (*Thes. Brand, t. III, p. 236*) une figure semblable assise sur un rocher, n'ayant pour tout attribut que les talonnières et une bourse à la main, qui ne peut convenir à Persée. Notre Mercure tient dans la main droite un fragment qui paraît appartenir au caducée ou à la verge avec laquelle le Dieu conduisait les ames aux enfers. L'état de repos ne paraît pas convenir à ce messager si bien employé; cependant ce choix d'attitude, quoique rare, n'est pas sans exemple; Pausanias (*II, 3*) fait mention d'une statue de bronze que possédaient les Corinthiens, représentant Mercure assis, ayant à ses côtés un bélier. Béger donne encore une très rare médaille de Tibère, où l'on voit au revers Mercure assis sur un promontoire; l'antiquaire observe qu'en Afrique, sur le *promontoire de Mercure*, était située la ville de *Clupea*, à laquelle appartient peut-être cette médaille. On élevait des temples sur les promontoires, et on y consacrait des statues de Mercure; on regardait, sans doute, ces lieux comme un point de repos pour le divin messager. Ainsi Virgile le peint se reposant sur le mont Atlas, et de-là se précipitant vers les flots comme un oiseau (*Æn. IV, p. 252*). Le poète l'appelle *Cyllénius* du mont Cyllène en Arcadie, où Mercure était né; ce lieu lui était cher, et peut encore servir à motiver la pose où il est ici représenté. Nous devons observer que le rocher est moderne; on n'a point trouvé la pierre ou le bronze antique qui servait d'appui à la figure; mais la restauration paraît suffisamment justifiée par toute l'attitude.

Hauteur, 4 Pieds.

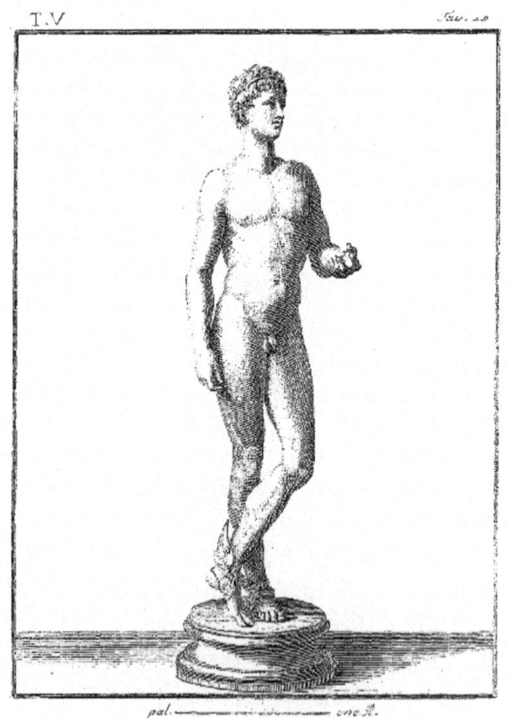

PLANCHE XVI.

(*P. 35, t. VI de l'Édition royale.*)

On reste indécis, après avoir examiné ce bronze, s'il représente Mercure ou Persée; les attributs du Dieu et du Héros peuvent aisément se confondre. On voit le plus souvent Mercure coiffé du chapeau, ou Pétase aîlé, rarement le fils de Danaé porte ce chapeau: cependant c'est quelquefois son seul attribut, et quelquefois le fils de Maïa n'en a pas d'autre que les talonnières. Béger a publié un Mercure avec le diadème (*Th. Brand. t. III, p. 236*). Cet ornement qu'on remarque ici paraîtrait devoir plutôt appartenir au roi d'Argos. La figure portait, sans doute, quelque objet qui l'aurait fait reconnaître d'une manière plus assurée: à considérer le mouvement de la main repliée, on pourrait présumer que l'objet qu'elle renfermait était rond; si l'on suppose que c'était une pomme, il faut se décider en faveur de Mercure apportant au berger Pâris la pomme qu'il doit décerner, pour prix de la beauté, à l'une des trois Déesses.

Ce superbe bronze se voit actuellement à la Malmaison, dans le Cabinet de S.M. l'Impératrice et Reine.

Hauteur, 2 P. 8 p°.

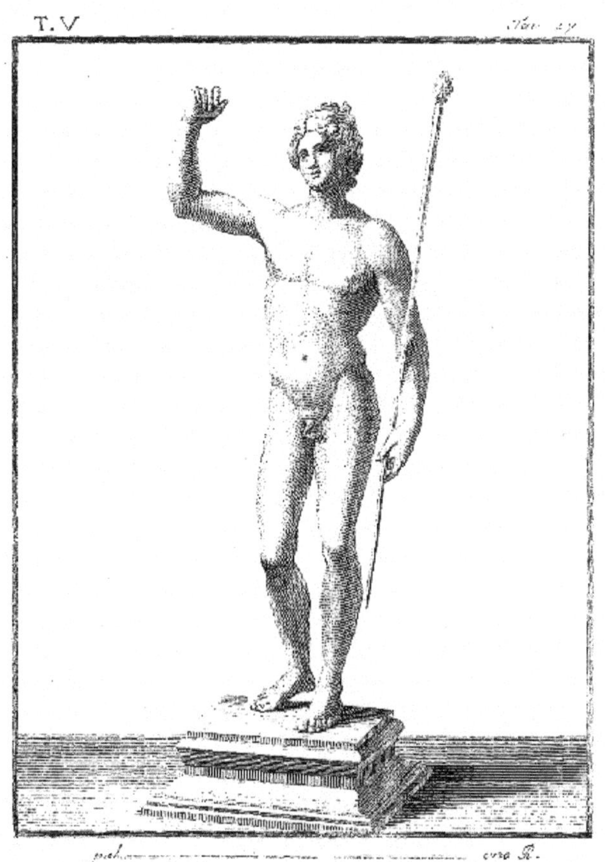

PLANCHE XVII.

(*P. 36, t. VI de l'Edition royale.*)

La beauté, la délicatesse des formes, mieux encore que le thyrse, font reconnaître dans cet excellent bronze, une figure de Bacchus. Ses cheveux longs et relevés avec une sorte de négligence appartiennent encore à ce même caractère de mollesse: «Toujours semblable à lui-même, ses traits répondent à sa nature; parmi les garçons c'est une fille, parmi les filles c'est un garçon; parmi les adultes il est imberbe; il charme toujours (*Arist. H. in Bacc. p. 53*)». Sa main élevée avec grâce paraît devoir tenir un vase. Ce Bacchus rappelle celui du tome II des peintures, pl. 33.

Hauteur, 1 P. 4 p°.

PLANCHE XVIII.

(*P. 38, t. VI de l'Edition royale.*)

Nous avons déjà eu occasion de faire remarquer les traits caractéristiques auxquels on peut distinguer entre eux les Faunes, les Satyres et les Silènes, dont les attributs ont été souvent confondus. (Voyez *Peint, tom. I, pl. 16.*). Ce bronze représente un Faune, dont l'action vive et pétulante fait le caractère; comme un air sauvage, le front étroit, les oreilles longues et la queue au bas du dos, en désignent l'espèce: la queue est sur-tout leur signe distinctif. On rencontre souvent, dans les monumens bachiques, ces figures exprimant la joie folle et emportée de l'ivresse. Les Faunes représentaient les antiques et sauvages habitans des campagnes et des forets. Vêtus de la dépouille des bêtes fauves, laissant à ces peaux les parties saillantes, comme les oreilles, les pattes et la queue, l'imagination a pris plaisir à confondre cet extérieur bizarre avec leurs personnes; c'est ainsi qu'on se forma l'idée des Centaures, en voyant les premiers hommes à cheval. Ces images enfantées par la peur ou par la superstition, furent consacrées par le langage métaphorique des poètes, et ce qui demeura, pour les sages de l'antiquité, un emblême ingénieux du dérèglement des passions, fut, pour le vulgaire, l'objet d'un culte extravagant. Tous les êtres monstrueux dont on forma la suite de Bacchus, se perpétuèrent encore dans l'imagination par les représentations théâtrales; et les poètes se servirent adroitement, et souvent avec trop de licence, de ces personnages, pour répandre à pleines mains le sel de leurs sarcasmes. C'est cet abus choquant dans un siècle plus poli, qu'Horace a combattu en réglant le caractère convenable aux Faunes introduits sur la scène (*Art. poét. 244.*).

PLANCHE XIX.

(*P. 40, t. VI de l'Édition royale.*)

Ce beau bronze représente encore un jeune Faune; assis sur un tas de pierres, un bras replié sur la tête, l'autre pendant, il est dans l'abandon du sommeil. Outre les cornes naissantes, il a sous le cou deux excroissances de chair en forme de *figues*, semblables à celles qu'on remarque quelquefois dans les chevreaux; ce signe est commun aux Faunes et aux Satyres. Delà est venu, chez les Latins, le nom de *Ficarius Faunus* donné au dieu Faune.

Hauteur, 3 P. 6 p°.

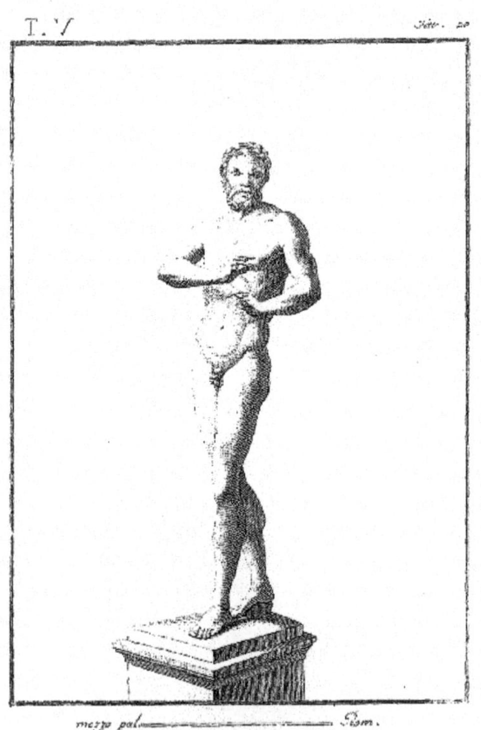

PLANCHE XX.

(P. 41, t. VI de l'Édition royale.)

Ce bronze, d'un goût et d'un fini précieux, représente un Marsyas, ou, pour s'exprimer plus généralement, un Silène; la couronne de lierre (dont les feuilles sont en argent); les oreilles de chèvre, seul signe qui s'écarte de la nature humaine, le front chauve, la barbe épaisse, et la maturité de l'âge qui se fait sentir dans le visage et dans tout le corps, tout concourt à le caractériser. La position des mains et des doigts, la contraction de la bouche et les plis du front indiquent qu'il jouait de la flûte, quoique l'instrument soit perdu. Le socque qu'il a sous le pied droit paraît destiné marquer la mesure, et c'est peut-être le *Crupèze* décrit par Pollux (*VII, 87*) dont les Béotiens se servaient habilement, et qui les faisait appeler *Crupezophores*.

Hauteur, 10 pouces.

PLANCHE XXI.

(*P. 42, t. VI de l'Édition royale.*)

Ce bronze est compté parmi les plus belles statues du Musée Royal; c'est un Silène ou un Faune étendu sur une peau de bête fauve, et appuyé sur une outre. L'abandon de l'ivresse ne peut être rendu avec plus de vérité, et la nature de ce suivant de Bacchus a permis à l'artiste de la montrer, pour ainsi-dire, dans toute sa nudité. Il est encore bien caractérisé par le diadême et les corymbes, par les oreilles pointues et les deux excroissances qui lui pendent sous le cou. Anacréon (*Od. 38*) se compare à Silène, qui, quoique vieux, boit et danse à l'égal des jeunes gens, et qui, pour sceptre, tient une outre au-lieu de la férule. Si notre Silène ne s'est point fait un sceptre de son outre, il s'en fait un coussin digne de son trône et de sa joyeuse indolence.

Hauteur, 4 P. 6 p°.

PLANCHE XXII.

(*P. 43, t. VI de l'Edition royale.*)

Nous donnons un second dessin du Silène ivre, qui fait le sujet de la planche précédente. On saisira mieux, dans celui-ci, toute l'expression et le geste remarquable que fait le personnage bachique avec les doigts de la main droite. L'index déployé, il presse le doigt du milieu sur le pouce pour produire ce claquement, signe de mépris et d'insouciance. Ce jeu des doigts était une circonstance remarquable dans la célèbre statue de Sardanapale, décrite par Aristobule, chez Athénée (*XII, 7*). La statue en marbre de ce roi voluptueux était élevée sur son tombeau; il faisait ce même geste; dans l'inscription on lisait: *Mange, bois, divertis-toi*; et le geste semblait dire: Tout le reste ne vaut pas cela.

Hauteur, 4 P. 6 p°.

PLANCHE XXIII.

(*P. 44, t. VI de l'Edition royale.*)

Cette figure curieuse servait à la décoration d'une fontaine, découverte dans les fouilles de Portici au mois de décembre 1754; elle tenait le milieu parmi dix autres plus petites, toutes servant au dégorgement des eaux. Le vieux Faune ou Silène, comme on voudra l'appeler, couronné de lierre, la barbe divisée en longues moustaches, est à cheval, d'un air très-sérieux, sur une outre qu'il tient par les oreilles, et dont la large bouche donnait passage à l'eau. Il se tient en bon écuyer, le corps droit et les jambes pendantes, approchant du ventre de sa monture, ses talons armés d'une chaussure grossière. Ces figures bachiques étaient souvent employées à répandre les eaux des fontaines. Le caprice de l'artiste en variait à son gré les intentions. Si l'on voulait supposer ici quelque intention allégorique, on pourrait rappeler le proverbe grec: «Le vin est un bon cheval pour qui a du chemin à faire»; mais il faudrait penser aussi que le bon Silène croit tenir entre les jambes une outre plus généreuse, et qui épanche autre chose que le trésor des nymphes.

Hauteur, 1 P. 3 p°. 6 lig.

PLANCHE XXIV.

(P. 45, t. VI de l'Édition royale.)

Comme le précédent, ce Faune ou Silène faisait partie de la décoration dont nous avons parlé; couronné de lierre, ayant des oreilles de chèvre, la barbe longue et bouclée, sa corpulente virilité n'a rien de plus gracieux. L'eau s'épanchait de l'outre sur laquelle il s'appuie. De l'usage fréquent de ces figures était dérivé le nom de *Silanus* (le même que *Silenus*) pour exprimer le tuyau d'une fontaine.

Hauteur, 11 pouces 7 lignes.

PLANCHE XXV.

(P. 46, t. VI de l'Édition royale.)

Autre Faune de la même fontaine. On remarque en lui les mêmes attributs bachiques, les mêmes signes de virilité, exprimés dans ses compagnons. Cette poitrine large, hérissée de poils, ne désigne pas seulement une nature robuste et sauvage, c'est aussi l'emblème des qualités généreuses qui suivent une forte complexion, le courage, la prudence et la sagesse. Homère et les anciens poètes se plaisent, dans leur langage mâle et naïf, à peindre les grands cœurs sous cette rude enveloppe. Si l'observation n'a point d'application pour ces figures muettes et grotesques, on pourra cependant se souvenir que le masque de Silène en est, pour ainsi-dire, le type, et que ce précepteur de Bacchus est l'un des premiers sages de l'antiquité. Notre Faune caresse une panthère qui vomissait de l'eau; un autre Faune semblable lui servait de pendant.

Hauteur, 1 pied 8 lignes.

PLANCHE XXVI.

(*P. 47 et suiv, t. VI de l'Édition royale.*)

Les quatre enfans ou génies que nous rassemblons dans cette planche, faisaient encore partie de la décoration de la fontaine; les instrumens qu'ils portent servaient à en répandre les eaux.

Dans le premier, on reconnaît un petit Faune d'un aspect gracieux; les cornes commencent naître sur son front; d'une main, il tient une corne, vase à boire; de l'autre, un petit outre. On faisait des outres de la peau de divers animaux, et de différentes dimensions; les plus portatives se nommèrent d'abord chez les grecs *ascoi*, ensuite *flascoi*, flacons. Parmi les vases antiques, dits improprement étrusques, on en trouve beaucoup qui ont conservé la forme de ce vase primitif qu'ils ont remplacé.

Les deux autres Génies s'appuient sur un masque supporté par une petite colonne. L'arrangement des cheveux dans ces Génies, mérite quelqu'attention: c'est une coiffure qui appartient l'enfance; elle se nommait vulgairement *scorpion*, de la forme que prenait la touffe de cheveux liés sur le sommet du front, lorsque les pointes se divisaient en deux boucles: les Athéniens l'appelaient aussi *crobilos*, quand la touffe n'offrait qu'une seule pointe conique, ressemblant à une pomme de pin. On remarque cette même coiffure dans les images de la jeunesse, sur les médailles. Nous pourrions considérer ces enfans comme des génies de Fleuves. Les Fleuves n'étaient pas toujours représentés sous la figure d'un vieillard barbu. Le fleuve Agrigente en Sicile, le fleuve Melès de Smyrne, se montraient sous l'aspect d'un enfant riant et gracieux: les médailles nous offrent souvent les Fleuves sous cette image agréable. On sait encore que les jeunes garçons étaient chéris des nymphes; elles enlevèrent Hylas; elles prirent soin de l'enfance de Jupiter, de Bacchus, de Pan, d'Aristée, d'Énée, et de plusieurs autres. L'enfance près des eaux est du-moins un emblême ingénieux de leur fécondité.

Des deux autres enfans, l'un tient un dauphin sous le bras, l'autre porte sur l'épaule un vase, proprement dit *hydria*.

Hauteur, 1 P. 2 p°.

PLANCHE XXVII.

(P. 52, t. VI de l'Edition royale.)

FIG. I. On peut reconnaître un *Dieu Lare* dans cette figure de style étrusque. Les images certaines des Lares, qui présidaient aux quartiers de Rome, et que plusieurs bas-reliefs, accompagnés d'inscriptions, nous ont fait connaître, ne nous laissent aucun doute sur le véritable sujet de ce bronze. Toutes les collections et les cabinets des curieux en possèdent de semblables, mais ordinairement plus petites. La corne d'abondance est le symbole de la bonté de ces divinités domestiques et locales; la patère paraît demander des libations et recommander leur culte; l'habit succinct les présente comme des ministres des grands Dieux, employés sans cesse à parcourir la terre et à y répandre leurs bienfaits. M. Visconti, dans ses savantes explications du musée Pio-Clémentin (*t. IV, pl. dernière*) a fixé le caractère qu'offrent les images des dieux Lares: nous aurons occasion d'en parler encore au sujet de la planche suivante. La robe gonflée par le vent est une particularité qui semble indiquer que la divinité protectrice est en grand mouvement ou placée dans un vestibule: on remarque encore une draperie qui lui pend sur l'épaule, et dont une partie lui sert de ceinture; c'est une espèce de *palliolum* ou petit manteau. La chaussure est le socque proprement dit: c'est le soulier qui ne passait pas la cheville du pied, et qui, étant en Italie la chaussure la plus commune, est devenue l'emblème de la comédie; sur le soulier est une languette destinée à recouvrir les attaches: c'est ce qui donne lieu à une plaisanterie d'un poète comique, rapportée par Athénée, et qui, de nos jours, ne paraîtra pas d'un bon sel, «que les femmes ont de la langue jusque sur leurs souliers». (*Ath. XV, 6. p. 677*).

FIG. II. Ce bronze, d'un excellent travail, représente un Echanson, proprement dit *Pocillateur*, tenant d'une main un *rhyton*, terminé en forme d'animal, et de l'autre une coupe. L'habit succinct est relatif à ses fonctions, et le reste de son ajustement rappelle ce que dit Pétrone d'un bel enfant qui servait à table dans le festin de Trimalchion, couvert des attributs de Bacchus; c'est précisément ce qu'on remarque ici dans les brodequins passés sur les souliers, dans le diadème, dans les feuilles et les corymbes de lierre, et surtout dans les cornes postiches.

FIG. I.—Hauteur, 1 P. 11 p°.

FIG. II.—Hauteur, 1 P. 2 p°.

PLANCHE XXVIII.

(*P. 54, 55, t. VI de l'Édition royale.*)

La première de ces figures tenant un *rhyton* et une patère, ayant une couronne et l'habit succinct, est un dieu Lare; l'autre, plus richement vêtue, la tête ceinte d'une bandelette dont les bouts retombent sur les épaules, paraît être un *Camille* ou ministre des sacrifices. Les images des dieux Lares n'étaient pas seulement placées dans les carrefours, dans les vestibules et les pièces intérieures des maisons, elles servaient encore à décorer les buffets et les tables mêmes; quand elles ont cette destination, on ne les voit guère sans quelqu'attribut de Bacchus; et le plus commun, le plus caractéristique est précisément le *rhyton*, ce vase primitif. L'usage suivi dans les festins servirait encore appuyer cette opinion, si elle n'avait pour elle l'autorité de plusieurs monumens connus. «Après le premier service, on enlevait les tables, on jetait au feu tous les restes; un enfant appelait les Dieux propices; on apportait de nouvelles tables couvertes de fruits et de vases de vin; on posait les dieux Lares sur la table; quelquefois on les promenait dans la salle en les donnant à baiser aux convives; ensuite on portait les saluts au bon Génie ou Bacchus, aux autres Dieux, et aux hommes qu'on voulait honorer» (*Serv. in Æn. liv. 730.—Petron. cap. 60*). Le respect qu'on portait à ces Dieux familiers, témoins de toutes les actions privées et secrètes, était peut-être le sentiment religieux le plus profond. On peut en voir une preuve dans le soin que fait prendre Virgile au vieux Anchise, de sauver ses dieux Lares de sa ville embrâsée, comme son plus cher trésor.

FIG. I.—Hauteur, 5 pouces 6 lignes.

FIG. II.—Hauteur, 5 pouces 10 lignes.

PLANCHE XXIX.

(P. 56, 57 t. VI de l'Édition royale.)

FIG. I. Ce bronze, d'un excellent travail, représente un beau jeune homme qu'on reconnaîtra facilement encore pour un Camille ou *Pocillateur* sacré. Il porte un sceau (*situla*) et un éventail formé de plumes, qui désignent ses fonctions; il a l'habit succinct à demi-manches; ses cheveux arrangés avec soin, sont ornés d'une couronne dont les bandelettes retombent sur les épaules. Sa figure est d'une grande beauté, et donne penser que, suivant l'usage rapporté par Athénée, il a été choisi dans la fleur de la jeunesse pour porter les choses sacrées. Les prêtres et les ministres du culte devaient être exempts de toute imperfection; ceux qui approchaient les Dieux devaient leur plaire par un extérieur agréable: c'était un noble hommage qu'on faisait à la Divinité de ses propres dons. «En effet, la beauté est le plus riche de nos biens, le plus agréable aux Dieux et aux hommes; tous les autres font naître l'envie et produisent des ennemis; la beauté se concilie la bienveillance de tous (*Dion. Chris. Or. XXIX*), à moins qu'il n'en soit quelquefois autrement parmi les femmes (*Luc. in char.*). Le beau n'est autre chose que ce qui plaît, et ce qui déplaît n'est pas beau (*Xenoph. in conv.*).» Cette passion du beau était, chez les anciens, un sentiment religieux, et nous voyons, par leurs ouvrages, combien ce sentiment a élevé et fécondé leur génie.

FIG. II. Ce bronze paraît être d'un bon style étrusque. C'est encore un Camille ou un *Pocillateur*; son action seule peut déterminer son caractère; les palmes tournées vers le ciel conviennent au moment de la prière, il tourne sur la pointe des pieds, et on peut supposer que ce personnage exécute une danse religieuse. Cette action pourrait aussi convenir au danseur d'un banquet; les cheveux bouclés en longs anneaux (*calamistrati*) appartiennent à un personnage de cette profession.

Il paraît que cette dernière figure avait une coupe ou une patère dans la main gauche.

FIG. I.—Hauteur, 8 p°. 4 lig.

Fie. II.—Hauteur, 8 pouces.

PLANCHE XXX.

(P. 58, 59, t. VI de l'Édition royale.)

Nous réunissons, dans une seule planche, ces deux excellentes statues de bronze, qui, opposées l'une à l'autre, forment une action parfaite. Ce sont deux lutteurs en présence qui rassemblent leurs forces dans une pose étudiée, tout prêts à s'attaquer. La description que fait Héliodore (*X, p. 505*) de

Théagène s'apprêtant à la lutte, s'adapte merveilleusement au sujet. «Théagène, dit-il, prit de la poussière, s'en frotta les bras et les épaules tout humides de sueur; ensuite, étendant les deux bras en avant, affermi sur les pieds, les genoux un peu pliés, courbant et voûtant le dos et les épaules, fléchissant le cou d'un côté; enfin, renforçant et rassemblant toutes les parties de son corps, il attendait avec impatience le moment de la lutte». En voyant nos athlètes, on retrouve tous les traits de cette vive peinture. Leur beauté répond à l'idée qu'on se forme, d'après les écrits des anciens, des jeunes gens dont la force, la grâce et l'agilité s'étaient développées dans les exercices de la gymnastique, et notamment de la palestre, qui avait pour but de faire valoir tous les avantages du corps. Aucune de leurs formes n'est altérée par l'effort de leur vigueur concentrée, c'est en cela que réside la perfection de cet art: qu'on les anime, la force ou l'adresse décidera de la victoire; mais le spectateur est content, et l'esprit satisfait ne demande rien au-delà de ces belles poses.

Ces deux figures, de grandeur naturelle, ont été trouvées ensemble dans les fouilles de Portici, en 1754; et comme ces sortes de statues servaient de décoration aux gymnases, on est porté à croire que celles-ci ont décoré le gymnase d'Herculanum. Il n'y avait presque point de ville grecque qui n'eût un gymnase. Celui de Naples était très antique et très-célèbre, et une ville aussi florissante qu'Herculanum n'a pas dû être privée d'un tel monument.

FIG. I.—Hauteur, 4 P. 7 p°.

FIG. II.—Hauteur, 3 P. 2 p°.

PLANCHE XXXI.

(*P. 60, t. VI de l'Édition royale.*)

Cette petite statue déjà précieuse par le travail, le deviendrait encore davantage, si, parmi les héros auxquels conviennent ses attributs, on pouvait déterminer celui qu'elle représente. Le pied posé sur une pierre, le genou plié, le coude appuyé sur le genou, la tête levée et le regard fixe, son attitude, expriment le repos et l'attention. Cette attitude de choix se trouve répétée dans quelques monumens antiques. Rien dans les formes n'appartient au beau idéal; c'est l'expression naïve de la nature. Le diadême, les cornes de taureau qui paraissent sur sa tête, la chlamide héroïque, semblent être une espèce d'apothéose en faveur du personnage. Nous avons déjà eu occasion de faire remarquer que les cornes de taureau étaient l'emblème de la force et de la puissance; nous les avons vu faire partie d'une armure dans un trophée. Démétrius Poliocerte est représenté dans quelques médailles avec des cornes de taureau, soit par allusion à son habileté, comme inventeur de machines guerrières, soit par imitation des attributs de Bacchus, dont il affectait de suivre les traces. On voit aussi dans les médailles, Alexandre avec des cornes de bélier, en mémoire de Jupiter Ammon, dont il voulait passer pour fils, on voit Lysimaque et Magas paraître dans leurs images avec le même signe. Dans un oracle antique rapporté par Pausanias (*X, 15*), Attale, roi de Pergame, vainqueur des Gaulois, est nommé *fils du taureau.* Séleucus Nicator (ou vainqueur) fondateur du royaume et de la race des Séleucides, s'était rendu célèbre par un acte de vigueur et de force digne des temps héroïques; seul il avait pris et rapporté à l'autel un taureau sauvage qui s'était échappé d'un sacrifice offert par Alexandre. Les Athéniens lui érigèrent, en mémoire de cette prouesse, une statue de bronze avec des cornes de taureau (*Lib. in Antioch. p. 351. Paus. I, 16.*); et c'est ainsi que le représentent ses médailles. On penche à voir ce prince dans notre bronze, et l'on rapporte son attitude au moment où il prend les augures sur le mont Casius pour la fondation de Séleucie, ou sur le mont Sylphius pour la fondation d'Antioche. La trop grande jeunesse du héros représenté dans ce bronze, est la circonstance seule, mais bien remarquable, qui paraît s'opposer à cette dernière explication.

Hauteur, 1 pied.

PLANCHES XXXII et XXXIII.

(*P. 51, t. VI de l'Édition royale.*)

On reconnaîtra facilement Alexandre-le-Grand dans cette statue équestre de petite proportion, que nous donnons sous un double aspect. On a pour comparaison la tête en marbre placée dans le musée Napoléon, et un assez grand nombre de pierres gravées et de médailles, quoique ces derniers monumens ne puissent pas être regardés comme contemporains de l'illustre conquérant. L'empereur Caracalla, qui voulut se faire passer pour un autre Alexandre, prit soin d'en renouveler la mémoire, en faisant élever, dans tous les temples, des statues à double face, comme celles de Janus, présentant sa tête d'un côté, et de l'autre celle du Héros. La nôtre, aussi belle que rare, est l'ouvrage d'un excellent artiste, ou du moins une copie faite avec la plus grande habileté sur un précieux original. On sait qu'Alexandre, par une fierté digne de sa grandeur, ne voulut point permettre de retracer son image à d'autres qu'à Apelles, en peinture, à Pyrgotélès en pierres fines, et à Lysippe en bronze. Le statuaire représenta son illustre modèle dans toutes ses actions, en le prenant à l'enfance; «lui seul, dit Plutarque (*De fort. Alex., Or. II*), il sut exprimer dans le bronze le caractère d'Alexandre, sa beauté, et en-même-temps son courage, tandis que les autres artistes, ne voulant imiter l'inflexion de son cou, la vivacité et la placidité de ses yeux, ne savaient point conserver cet aspect viril et d'un lion». Voilà le trait principal qui distinguait Alexandre et le rendait supérieur aux autres hommes, quoique d'une taille médiocre. Il avoit le front élevé, les yeux bien fendus et brillans, le nez aquilin, les joues gracieusement colorées, les cheveux blonds et bouclés; une sorte de négligence n'ôtait rien en lui, à une certaine majesté qui résultait d'une exacte proportion des parties du corps; il portait la tête penchée sur l'épaule gauche, comme dans l'habitude de regarder le ciel; c'est ce que Lysippe avait saisi avec tant d'habileté, et une épigramme de l'Anthologie en conserve aussi la vive expression (*IV, 8, ép. 87*). «Lysippe a rendu l'audace d'Alexandre et toute sa beauté. Quelle force n'a pas ce bronze! les yeux tournés vers le ciel, il semble dire: la terre est à moi; ô Jupiter! règne dans le ciel». Il serait hors de propos de parler ici des faits glorieux qui ont signalé la carrière de notre Héros; l'histoire en est assez connue: comme nos observations doivent se borner aux monumens que nous expliquons, nous rappellerons seulement les dates qui fixent une époque célèbre dans l'histoire des arts. On place la naissance d'Alexandre l'an Ier de la 106e olympiade, le 6 du mois *hécatombéon*, qui revient au 20 juillet de l'an 356 avant J.-C., vers l'an 400 de la fondation de Rome, la nuit même que le temple de Diane à Ephèse fut incendié. Les historiens sont moins d'accord sur l'époque précise de sa mort; tous conviennent qu'il mourut peine âgé de 33 ans, vers l'an Ier de la 114e olympiade, qui revient à l'an 324 avant J.-C. Cette courte vie parut remplie d'un tel bonheur qu'on s'en forma une idée superstitieuse, d'après laquelle ceux qui portaient l'image d'Alexandre, croyaient devoir réussir dans toutes leurs entreprises; on sait qu'Auguste lui-même se servait de cette image pour cachet. Cette opinion a contribué à en multiplier les copies.

Nous revenons à l'examen de notre beau bronze; l'artiste, en représentant le Héros combattant à cheval, la tête nue, a, sans doute, voulu conserver tous les traits et le caractère de la tête, en-même-temps qu'il démontre l'intrépidité du guerrier. Il est armé d'une épée, et cette épée rappelle le fer admirable par sa trempe et sa légèreté, présent du Roi des Citiéens, et dont Plutarque le représente armé la bataille d'*Arbelle*; cet auteur fait aussi mention d'un riche ceinturon, ouvrage antique d'Hélicon, présent de la ville de Rhodes; le Roi en porte un sur sa cuirasse. Sur son épaule est suspendue la chlamide macédonienne, différente de l'ancien manteau des temps héroïques, dit *Chlaina*, en ce qu'elle est plus large par le bas. Pompée, qui trouva la chlamide d'Alexandre parmi les richesses de Mithridate, en fit l'un des plus beaux ornemens de son triomphe. Cette chlamide est encore célèbre, en ce que l'architecte Dinocrates en donna, par adulation, la forme au plan d'Alexandrie. Le cheval, richement harnaché, offre, dans sa tête animée, dans son large poitrail, l'idée du fameux Bucéphale; il se trouve *rassemblé* par l'arrêt que le héros lui imprime, prêt à foudroyer un ennemi; l'attitude donnée au héros est aussi hardie que savante.

Trouvé à *Portici* en 1761.

FIG. I.—Hauteur, 1 P. 6 p°.

FIG. II.—Hauteur, *idem.*

PLANCHES XXXIV et XXXV.

(*P. 63, 64, t. VI de l'Édition royale.*)

Une Amazone à cheval, prête à lancer un javelot, est le sujet de ce bronze dont nous donnons un double dessin. Quelques auteurs ont regardé l'histoire des Amazones comme fabuleuse: elle est liée à l'histoire des temps héroïques; sous ce rapport, elle appartient aux arts; et, sans entrer dans les discussions des critiques, nous devons la considérer comme consacrée par les monumens. Cette nation de femmes guerrières semble s'éteindre ou se perdre dans l'obscurité, après sa reine Thalestris qui se présenta à Alexandre pour avoir une postérité d'une si belle source: c'est, en effet, l'époque où les progrès des sciences et des lumières mettent un terme aux belles fictions dont s'emparait le génie de la poésie et des arts. *Marpésie* est leur première reine en Scythie; elle eut quatre filles célèbres, *Orithye*, *Antiope*, *Melanippe* et *Hippolyte.* Hercule pénétra dans leur pays en l'absence d'Orithye; il désarma Melanippe, arracha à Antiope sa ceinture, sauve-garde ou symbole de la virginité dont les Amazones étaient extrêmement jalouses. Hippolyte fut prisonnière de Thésée qui l'épousa; la vengeance arma ses compagnes; de-là cette célèbre guerre des Amazones dans l'Attique, guerre qui devint l'objet des fameuses peintures du Pécile à Athènes. Après Orithye régna Penthésilée, qui fut tuée par Achille au siège de Troie: ce combat est représenté sur les pierres gravées. L'un des plus beaux ouvrages de Phidias était son Amazone appuyée sur une longue lance. Dans un vase grec admirable, du cabinet de M. Durand, illustré par MM. Visconti et Millin, on voit Hippolyte à cheval, armée de la lance, combattant contre Thésée. L'arme la plus ordinaire des Amazones est la hache à deux tranchans; on les voit aussi avec l'arc et le javelot comme dans notre bronze même. Presque tous les Grecs s'accordent à dire que les Amazones se brûlaient la mamelle droite pour être plus habiles à tirer de l'arc, et que leur nom dérivait de cette mutilation. On voit, malgré cela, dans les monumens, les Amazones avec la mamelle droite bien entière, mais découverte, comme on le remarque ici. L'arme défensive de ces guerrières était le bouclier échancré en forme de croissant (*pelta*). La nôtre porte un cothurne qui ne revêt qu'une partie de la jambe, et qui laisse le pied à découvert. Son vêtement est la robe courte avec la ceinture. Son attitude est pleine d'aisance; elle manie son cheval avec dextérité, et le coursier impétueux obéit bien à la main qui le guide. Le harnais est composé d'une selle plate à laquelle tient le poitrail, d'une large sangle, et d'une bride complète avec le mors. Ce grouppe est d'une belle exécution.

Trouvé dans les premières fouilles de Portici.

FIG. I.—Hauteur, 9 pouces. FIG. II.—Hauteur, *idem*.

PLANCHE XXXVI.

(P. 66, t. VI de l'Édition royale.)

Ce beau cheval de bronze est le seul morceau entier et bien conservé, d'un quadrige découvert en 1736 dans les fouilles de Résine, près le théâtre. On sait que les quadriges se plaçaient en l'honneur des dieux, ainsi que des généraux qui avaient bien mérité de la patrie, sur le sommet des temples et des arcs-de-triomphe, dans le *forum* et dans les lieux les plus remarquables d'une cité: il est vraisemblable que celui-ci décorait le portique du théâtre. La caisse du char était d'un excellent travail: nous donnons dans la planche suivante trois figures qui servaient d'ornement à cette caisse.

Ce cheval, dont la conservation a paru merveilleuse au milieu du désastre qui a mis en pièces ses compagnons, a été placé au milieu de la cour du Musée royal de Portici, avec cette inscription imitée de celle qu'on lisait en Elide, au rapport de Pausanias, sur une colonne de bois, seule échappée de l'incendie du palais d'Enomaiis, embrâsé par la foudre:

EX QVADRIGA ÆNEA

SPLENDIDISSIMA

CVM SVIS JVGALIBVS

COMMINVTA AC DISSIPATA

SVPERSTES ECCE EGO VNVS

RESTO

NONNISI REGIA CVRA

REPOSITIS APTE SEXCENTIS

IN QVÆ VESVVIVS ME

ABSYRTI

INSTAR DISCERPSERAT

MEMBRIS.

Hauteur, 7 pieds.

PLANCHE XXXVII.

(*P. 67, 68 et 69, t. VI de l'Édition royale.*)

Les trois figures réunies dans cette planche sont de bas-relief, et servaient d'ornement à la caisse du char dont nous avons fait mention dans l'explication précédente.

FIG. I. *Junon Reine*, dont l'attribut distinctif est ici la couronne radiée. L'expression sérieuse de la figure, l'austérité du costume, conviennent encore au caractère de cette Déesse, mais sur-tout l'agencement de cet ample manteau qui vient lui former un voile sur la tête. On sait que cette coiffure était celle des matrones, et on la voit très-souvent donnée, sur les médailles, aux images de Junon. Les manches de la tunique sont fermées par un rang de fibules, ornement qui n'est pas rare dans les monumens antiques.

FIG. II. *Jupiter imberbe.* Cette figure n'est pas celle d'Apollon, comme les Académiciens d'Herculanum penchaient à le croire; elle n'en a aucun des attributs; la forme de la chevelure et le jet du manteau conviennent à Jupiter; la draperie d'Apollon, dans les figures demi-nues, est une chlamyde. L'attitude est celle que nous présente un grand nombre d'images de Jupiter; la foudre était dans la main droite, la patère dans la gauche: on voit presque toujours Jupiter avec une barbe majestueuse et touffue; mais on l'adorait aussi comme enfant, adolescent et jeune homme: on le trouve imberbe dans quelques monumens assez rares à-la-vérité. Cette privation de la barbe est surtout reconnue par le nom d'*Axur*, sous lequel Jupiter était révéré chez les Grecs et chez les Romains. Ici il se présente, selon l'opinion de M. Visconti, une raison de plus pour représenter ce Dieu sans barbe; c'est que l'intention de l'artiste peut avoir été d'offrir, sous l'emblême de la Divinité, quelqu'empereur romain. Nous en verrons un exemple authentique dans la *planche XLIII* de ce volume. On pourrait, peut-être, également retrouver une princesse romaine, dans la figure de Junon.

FIG. III. La tête de ce *dieu Mars* est évidemment un portrait romain, et vient à l'appui de notre première conjecture. Les Romains n'ont que rarement représenté ce Dieu à demi-nu, avec la chlamyde seule, la lance à la main et le casque en tête: leurs médailles lui donnent la cuirasse, et l'offrent tout armé, à-peu-près comme il est ici.

FIG. I.—Hauteur, 2 P. 1 p°.

FIG II. et III.—Hauteur, 2 P. 1 p°. 8 lig.

PLANCHE XXXVIII.

(P. 71, t. VI de l'Édition royale.)

Les Canephores dont nous avons déjà parlé dans le Ier volume de cet ouvrage, étaient, à proprement parler, de jeunes Athéniennes qui, dans les fêtes de Minerve, portaient dans des corbeilles des objets sacrés et peu connus: on a donné ensuite ce nom à celles qui, dans les fêtes de Bacchus et de Cérés, portaient aussi les cistes mystiques et les corbeilles où étaient renfermées les offrandes et les choses destinées aux sacrifices. Le développement que donnait aux grâces naturelles du corps l'attitude et le mouvement de ces femmes religieuses, choisies parmi les plus nobles et les plus belles d'une cité, offrait des modèles aux artistes qui se plaisaient à les répéter. Les objets que doivent porter ces figures manquent souvent dans les monumens, soit par les ravages du temps, soit par une négligence des artistes. Le nom de Canephores ou de Cistophores, porteuses de corbeilles ou de cistes mystiques, semble être devenu un nom de convention, leurs fonctions pouvant être de porter tout autre objet, comme un vase, une aiguière, et leur dénomination variant alors chez les anciens Grecs, suivant les attributs. Ainsi Pline a nommé *la Canephore* une statue de Scopas; et Cicéron décrit, sous le même nom, deux statues de bronze, ouvrage de Polyclète, volées par Verrès. Celle que nous avons sous les yeux porte les cheveux longs, arrangés avec soin, resserrés sur les épaules avec un ruban, et frisés par le bout en longs anneaux; cette particularité la distingue des ménades et des pleureuses dans les fêtes d'Adonis, qui portaient leurs cheveux longs et épars, les unes en signe de fureur, les autres en signe de deuil; son vêtement qui lui laisse les bras nus, est composé d'une tunique longue et d'un *peplum.*

Trouvée, ainsi que les suivantes, dans les fouilles de Portici.

Hauteur, 5 P. 8 p°.

PLANCHE XXXIX.

(*P. 70, t. VI de l'Édition royale.*)

Les Canephores étaient assistées dans les processions par des personnages d'un rang inférieur. Les étrangers qui formaient à Athènes une classe à part, sous la dénomination d'*Epelydes*, n'étaient admis aux sacrifices qu'en faveur de ce service; les hommes portaient des vases, leurs femmes une *hydria* ou aiguière, et leurs filles un parasol, un siège pliant ou d'autres ustensiles. Ils payaient un certain tribut pour ces privilèges, qui étaient plutôt une marque de bienveillance que d'orgueil de la part des Athéniens. En rapportant cet usage, qui pourrait expliquer quelque figure antique, nous n'en ferons point d'application à ces deux figures; les ranger dans la classe des Epelydes, ce serait donner une conjecture trop hasardée, et que ne peut motiver suffisamment la situation de leurs mains. Il n'y a aucun motif qui porte penser ici aux cérémonies des Panathénées, et nous nous bornons à considérer ces figures comme de jeunes femmes employées à une pompe ou cérémonie religieuse.

FIG. I.—Hauteur, 5 P.

FIG. II.—Hauteur, 4 P. 9 p°.

PLANCHE XL.

(P. 78, 74, t. VI de l'Édition royale.)

Nous donnons deux dessins de cette statue pour faire voir l'ajustement du petit *peplum*, espèce de manteau particulièrement à l'usage des femmes, qui descendait jusqu'à la ceinture, et s'attachait sur les épaules avec des agraffes. Cet habillement laissait les bras découverts, et quand la tunique était sans manches, comme dans ce bronze, on disait de ce costume, *aller à la dorique.* Cet usage était celui des filles de Sparte, qu'une humeur austère semblait plutôt défendre, que ne faisaient les voiles de la pudeur. Un étranger s'écriait en voyant passer une Spartiate: Ah! quel beau bras!—Mais il n'est pas public, répondit-elle. Quand les tuniques avaient des manches, on appelait le vêtement à l'ïonienne; c'était la mode suivie à Athènes. Ce bronze nous paraît représenter une Canephore, ou une femme qui s'apprête pour une cérémonie religieuse. Ses cheveux flottent en longs anneaux sur son cou, et sa tête est ceinte d'un riche diadême.

Hauteur, 5 P. 5 p°.

PLANCHE XLI.

(P. 76, t. VI de l'Édition royale.)

Le costume de cette figure semble la ranger dans la même classe que les précédentes; il est cependant plus riche. Le diadème qui ceint sa chevelure ondoyante est parsemé de pierreries, représentées dans le bronze par des ornemens relevés en argent; c'est la couronne que Virgile donne aux princesses royales (*Æn. I, 659.*) Les bouts du diadème sont réunis et cachés par un nœud formé avec les cheveux; la tresse employée à cet usage laisse à découvert le milieu du cou, sur lequel flotte avec élégance le reste des cheveux divisés en boucles. La tunique longue est ornée par le bas d'un bord couronné de rayons; les mêmes rayons se trouvent répétés au bas du manteau, dessus et au revers. Cette femme, qui est une prêtresse ou un personnage de grande distinction, paraît occupée d'une cérémonie sacrée, à laquelle on doit attribuer la pose remarquable dans laquelle elle étend les deux bouts de son manteau. Le bout qui enveloppe la main gauche, dont on distingue les doigts, indique que l'étoffe est transparente.

Hauteur, 5 P. 2 p°.

PLANCHE XLII.

(*P. 76, t. VI de l'Édition royale.*)

Le petit *peplum* des femmes grecques n'était pas toujours succinct; il avait quelquefois des aîles qui descendaient jusqu'aux talons. Dans notre bronze, on voit le manteau court par devant, tomber par derrière jusqu'à terre. C'est une prêtresse ou une femme représentée dans une action religieuse. L'attitude des mains renversées et tournées vers le ciel, pourrait se rapporter à la prière; mais elle n'est cependant pas assez prononcée pour qu'on y reconnaisse absolument cet acte de piété. La prière se trouve indiquée sans équivoque dans d'autres figures de femmes, auxquelles Pline a donné le nom d'*adorantes*, et dont M. Visconti a indiqué dans ses œuvres plusieurs copies antiques: un objet que tiendrait la figure entre ses mains, comme une bandeau sacré (*vitta* ou *infula*) pourrait aussi expliquer son attitude. Les figures précédentes sont pieds nus; celle-ci porte une espèce de sandales pour chaussure.

Hauteur, 3 P. 10 p°.

PLANCHE XLIII.

(P. 77, t. VI de l'Édition royale.)

Le sceptre et la foudre caractérisent ce beau bronze de proportion colossale, pour une statue de Jupiter, et c'est *Auguste*, le maître du monde, dont les traits sont ici divinisés avec les attributs du maître des Dieux. Tous les poètes contemporains ont appelé Auguste *dieu* ou *divin.* Il eut de son vivant même, dans les provinces de l'empire, des temples et des prêtres comme une divinité. On doit être peu surpris de le voir paraître ici avec les emblêmes de la puissance de Jupiter. Il faut attribuer cette idée au respect qu'imprimait sa puissance, qui parut surnaturelle à tout l'univers soumis. Dans les médailles d'Auguste, les mêmes signes, une étoile et la couronne radiée sont les marques de l'apothéose; dans ces médailles, quoique frappées après sa mort, on le voit représenté avec les traits de la jeunesse, quand il est surnommé *Divus.* Qu'il soit imberbe, lorsqu'il paraît sous la figure de Jupiter, il n'y a rien de contraire aux traits caractéristiques de la divinité, comme nous l'avons fait remarquer dans une explication précédente, *pl. XXXVII* de ce volume. Notre Auguste porte une bague au doigt annulaire de la main gauche. On donnait l'anneau aux figures des rois et des héros; nous l'avons vu au doigt de Thésée (*tome I, pl. V*); il est plus rare de le trouver au doigt d'une divinité: l'anneau de la statue porte pour signe la forme du *lituus*, ou bâton augural. Les empereurs romains étaient revêtus de la dignité d'augures. Ce bronze fut trouvé en 1741, dans les fouilles de Résine; il était placé dans un temple ou plutôt dans un *forum*, qu'on peut supposer avoir été la cour de la basilique augustale d'Herculanum (*curia basilicæ augustæ*): on sait que Naples possédait un monument consacré sous ce titre. La statue était placée au milieu de l'édifice; c'est ce qu'on appelait *templum tenere*, expression qu'on retrouve dans Virgile à propos même d'Auguste (*Georg. III, 16*). On doit encore attribuer à cette situation la proportion colossale de la statue.

Hauteur, 9 Pieds.

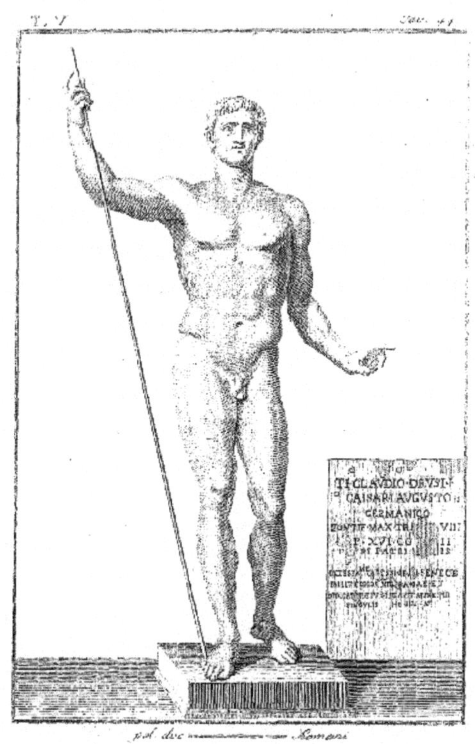

PLANCHE XLIV.

(P. 78, t. VI de l'Édition royale)

Cette autre statue colossale, érigée en l'honneur de l'empereur *Claude*, est d'un excellent travail, et fut trouvée avec celle d'Auguste dans le même lieu. Auguste est représenté comme une divinité, et Claude comme un héros; c'est ce qui paraît par la nudité totale du corps et le sceptre ou bâton de lance (*hasta pura*) sur laquelle il s'appuie. Le bâton de lance était originairement un prix décerné à la valeur par les généraux romains (*Polybe VI, 37*); il devint ensuite un signe d'honneur: on remarque ce signe sur les médailles qu'Auguste fit frapper en l'honneur de ses petits-fils, Lucius et Caïus Cæsar, princes de la jeunesse. Le bâton de lance et la nudité distinguaient les statues héroïques auxquelles les jeunes gens des gymnases servaient de modèles, et qu'on nommait du nom d'Achille, achilleæ (*Plin. XXXIV, 5.*) L'empereur porte au doigt annulaire une bague avec le signe du *lituus*, comme dans le premier bronze. L'inscription qu'on a trouvée sur une lame de bronze qui revêtissait la base sur laquelle la statue était posée, confirme les rapprochemens que l'on peut faire de la tête avec les traits connus de Claude. Voici l'inscription telle qu'elle est figurée sur la base, avec les lettres suppléées pour en donner le sens parfait:

TIberio. CLAVDIO. DRVSI. Filio. CAISARI. AVGVSTo.

GERMANICO. PONTIFici. MAXimo. TRibunitia. PotesTate.

VIII. ImPeratori XVI. COnsuli IIII. PatRi. PATRIæ. ceNSori.

EX TESTAMENTO.... mESSI. Lucii Filii Marci Nepotis

SENECÆ. MILITis. COHORtis. XIII. VRBANÆ ET

DEDICATioNI. EIVS. LEGAVIT MVNICIPIBus SINGVLIS.

HS. IIII. Nummos.

On voit par-là que ce bronze a été érigé en vertu du testament d'un certain *Messius*, soldat de la treizième cohorte de la garde de Rome (urbanæ), lequel avait légué pour la dédicace de la statue quatre sesterces (environ 16 sous de notre monnaie) par tête de chacun de ses concitoyens. Ce legs de quatre sesterces par tête était la libéralité assez ordinairement en usage pour la dédicace des statues, comme l'attestent plusieurs inscriptions; elle contribuait aux frais d'un repas public, ou servait à des largesses qui en tenaient lieu sous le nom de *sportulæ*: l'inscription, en énumérant les dignités de l'empereur, détermine aussi l'époque du monument qu'on peut rapporter à la 6e année de son règne, l'an 802 de Rome, et 49 de l'ère vulgaire.

Hauteur, 8 P. 6 p°.

PLANCHE XLV.

(*P. 79, t. VI de l'Édition royale.*)

En s'attachant à la ressemblance qu'offre la tête de cette belle statue avec les images connues de *Néron-Claudius-Drusus*, on y reconnaîtra, avec quelque certitude, cet illustre personnage représenté en habit de sacrificateur. L'usage des Romains était de se couvrir la tête dans les sacrifices, sans doute pour se recueillir en présence de la divinité, et pour ne pas entendre des mots qui pouvaient être de mauvais augure, *malè ominata verba.* Comme ils allaient tête nue quand ils étaient vêtus de la toge, ils se servaient d'un pan même de la robe pour se couvrir; cette remarque est confirmée par les médailles, et quelques monumens: l'un des plus beaux que nous puissions citer, est la statue en marbre du sacrificateur, au musée Napoléon, salle des Romains. L'anneau que porte Drusus a pour signe le bâton augural (*lituus*) et confirme le caractère sous lequel nous envisageons cette statue, et la dignité d'augure dans la personne du prince. Aucun écrivain ne fait mention de cette dignité, et nous n'en connaissons aucun monument. Drusus, fils de Tibère-Claude-Néron et de Livie, était né trois mois après le mariage de Livie avec Auguste, qui avait forcé son mari à la répudier. Auguste ne se prévalut point du don que lui faisait la fortune, suivant le proverbe qui se répandit à cette occasion: «Aux hommes heureux, il vient des fils après trois mois». Le fils de Livie fut renvoyé à Néron. Drusus reçut de ses victoires sur les Germains le nom de

Germanicus, qui, par le décret du sénat, devint le nom propre de son fils aîné; il couvrit de gloire une courte vie. Sa beauté personnelle, l'aménité de ses mœurs, lui gagnaient tous les cœurs. Juste envers lui-même et envers les autres, il sut se faire et se conserver des amis (*Vell. Pater. II, 97*), et laissa une mémoire aussi recommandable par ses vertus privées, que par ses vertus guerrières.

Les draperies sont traitées avec un art admirable. Trouvé dans les fouilles de Résine, en 1741.

Hauteur, 8 P. 10 pouces.

PLANCHE XLVI.

(*P. 80, t. VI de l'Édition royale*).

Ce bronze offre quelque ressemblance avec les médailles d'*Antonia*, fille de Marc-Antoine, nièce d'Auguste par sa sœur Octavie, et femme de Néron-Drusus, princesse vertueuse et digne de son illustre époux; elle fut mère de Germanicus, de l'empereur Claude et de Liville, femme du second Drusus, qu'elle força à mourir de faim pour avoir empoisonné son époux. Elle-même, dans sa vieillesse, fut forcée par son petit-fils Caligula, à périr de ce genre de mort, suivant Dion, et par le poison, suivant Suétone. Si les traits de ce bronze n'appartiennent pas à cette princesse, il paraît du-moins par une inscription détachée, trouvée dans les fouilles de Résine, qu'elle eut une statue à Herculanum. La coiffure est celle que lui donnent les médailles. Une main étendue, l'autre à demi-fermée, elle devait porter quelques attributs comme une divinité. Nous avons vu que ces honneurs étaient souvent accordés aux empereurs, aux impératrices et aux princes et princesses de leur sang. Sur quelques médailles, on voit Antonia sous la figure de Cérès, couronnée d'épis; sur d'autres, on voit Faustine tenant une pomme, avec la légende à *Venus-Augusta*: c'est encore ainsi qu'on croit reconnaître Julie, fille d'Auguste, dans la Cérès du musée Napoléon. L'anneau dont nous donnons la figure à part, sur la même planche, porte un chaton où l'on remarque un creux: cette gravure offre la figure d'un pavot; ce qui peut faire conjecturer que les attributs de Cérès distinguaient cette statue d'Antonia, à-moins que le creux n'indique la place d'une pierre précieuse, incrustée jadis dans le chaton.

PLANCHE XLVII.

(P. 81, t. VI de l'Édition royale.)

On peut ranger cette statue, plus grande que nature, et d'un bon travail, parmi les sujets inconnus. Elle fut découverte à Résine en 1741, près du lieu où était la statue de Vespasien, et on trouva dans le voisinage, parmi un grand nombre de débris de statues de marbre et de bronze, deux inscriptions, dont l'une portait: DOMITIÆ. CN. F. DOMITIANI. CÆSARIS. D. D.; et l'autre, FLAVIÆ. DOMITILLÆ..... VESPASIANI. CÆSAR. Mais ces inscriptions détachées ne peuvent servir d'autorité pour reconnaître dans notre bronze quelque femme de la famille de Vespasien, quand on ne trouve dans les monumens aucun rapprochement à faire à l'appui de cette opinion. Cette figure voilée avec une partie de son manteau ou *palla*, a, par le costume, quelque rapport avec deux statues en marbre du musée Napoléon, salle des Romains, connues sous la dénomination de vestales ou de matrones. La nôtre porte un anneau ayant pour signe la forme du *lituus*. Cette particularité remarquable nous montre que le sujet doit être une matrone de la plus grande distinction, honorée du sacerdoce, et révérée comme une flaminique, sorte de prêtresses qui se multipliaient à mesure que, par l'apothéose des Césars, on peuplait le ciel de nouvelles divinités.

Hauteur, 6 P. 8 p°.

PLANCHE XLVIII.

(P. 82, t. VI de l'Édition royale.)

Il faut encore compter cette statue de bronze parmi les sujets inconnus; elle est plus grande que nature et d'une belle exécution. La partie de la draperie qui vient former un voile sur la tête, est une restauration moderne. Découverte avec la précédente dans les fouilles de Résine, on n'a pu lui rapporter avec succès une inscription trouvée quelque temps auparavant dans le même lieu, et appartenant à un monument consacré à Agrippine, fille de Germanicus, et mère de Néron: c'est vraisemblablement une prêtresse ou une femme de distinction, représentée par adulation sous un caractère sacré. L'anneau qu'on remarque à la seconde phalange de l'index de la main droite, était d'un usage répandu, et qui, selon Pline, s'étendait jusqu'aux simulacres des Dieux; il ne donne aucun éclaircissement sur la figure. Cet usage paraît avoir été particulièrement réservé aux femmes; les hommes, en le suivant, s'exposaient au reproche de se montrer efféminés. L'anneau était souvent le gage d'une promesse solennelle; entre deux amans, c'était celui de la fidélité. Celle qui avait donné ou qui s'était laissé ravir son anneau, se croyait religieusement engagée à de plus tendres faveurs; aussi les jeunes gens cherchaient-ils souvent à surprendre ce gage fortuné. C'est ainsi qu'Horace exhortait son jeune ami à faire ce larcin, dans les jeux de la veillée, au doigt méchamment opiniâtre d'une jeune fille (*I. Od. IX.*) Celles qui voulaient se bien défendre portaient, sans doute, l'anneau à la troisième phalange, et peut-être les plus indulgentes auront-elles introduit l'usage de le porter à la seconde. Cet usage, un peu libre dans le principe, ayant une fois passé en mode, a pu être adopté comme une élégance par les femmes les plus sévères.

Hauteur, 5 P. 11 p°.

PLANCHE XLIX.

(*P. 83, t. VI de l'Édition royale.*)

Cette statue excède les proportions humaines; le sujet nous en est inconnu, et nous nous bornerons à en considérer le mérite comme ouvrage de l'art. La beauté du travail brille sur-tout dans l'agencement des draperies; toute la figure respire un air de gravité qui semble convenir à un personnage sacré; la situation des mains se rapporte à quelque cérémonie, et semble ranger, selon l'opinion de M. Visconti, cette statue parmi celles que Pline désigne sous le nom d'*Adorantes*, femmes en prière. Nous avons déjà fait la même remarque à l'égard de la statue expliquée *pl. XLII* de ce volume. Nous ajouterons que l'on voit des statues érigées aux épouses des Empereurs romains, dans cette même attitude. Telle est la Livie du musée du Vatican, trouvée à Otricoli, qui fait le pendant de la statue d'Auguste voilé, c'est-à-dire, en habit de sacrificateur. Si la physionomie de la tête ne laisse pas reconnaître ici une Impératrice, ce sera quelque femme de l'une des familles les plus nobles et les plus puissantes de la Campanie, telles que la *Calatoria, Mammia, Nonia, etc.*

Cette figure porte, comme la précédente, un anneau à l'extrémité de l'index de la main gauche.

Hauteur, 6 P. 2 pouces.

PLANCHE L.

(P. 84, t. VI de l'Édition royale.)

L'inscription gravée sur la base de cette belle statue, nous apprend qu'elle a été érigée à *Marcus Calatorius, fils de Marcus Quartio, par les citoyens et les habitans, à leurs frais.* Quand le public décernait une statue, c'était lui qui en faisait les frais par une contribution qui était ordinairement d'un as par tête. Souvent celui qui recevait cet honneur faisait remise de la dépense; ce qui s'exprimait par cette formule assez fréquente dans les inscriptions: *Honore contentus impensam remisit.* Notre personnage a au-dessous de l'œil une verrue, défaut qui, selon un passage d'Horace (*I. Sat. V, 60.*) paraîtrait avoir été commun dans la Campanie; il est revêtu de la toge et porte un anneau avec le signe du *lituus*, qui se rapporte, ainsi que nous l'avons dit, à quelque dignité sacerdotale. La main gauche est pliée comme si elle tenait un volume, attribut qui désigne souvent un orateur, un homme de lettres ou un magistrat. L'inscription ne fait mention d'aucune dignité; et nous devons avertir que le bras, ayant été trouvé séparément parmi plusieurs autres débris de statues, pourrait fort bien, quoiqu'il s'adapte avec justesse à la proportion colossale du corps, ne pas lui appartenir, et qu'on ne peut tirer aucune induction en faveur de la figure, ni de l'anneau, ni du volume supposé: la tête même est rapportée, elle était détachée; mais il n'y a point de doute qu'elle n'appartienne au buste. La tête d'Auguste était de rapport comme celle-ci, et, quoique adhérente à la statue, elle s'en détacha par la dissolution de la soudure, lorsqu'elle eut été exposée au soleil. On changeait souvent les têtes des statues. Nous en avons un exemple fameux dans le colosse de Néron, auquel l'empereur Commode fit enlever la tête pour y substituer la sienne. De-là vint, parmi les artistes, l'usage de faire les statues de manière que l'on pût facilement enlever les têtes et les remplacer par de nouvelles. La connaissance de ce fait doit engager à apporter une grande attention dans l'examen des monumens antiques, et peut servir à expliquer l'opposition ou le peu d'accord qui se rencontre quelquefois entre les attributs et la figure.

Trouvée à Résine en 1743.

Hauteur, 6 P. 6 pouces.

PLANCHE LI.

(P. 85, t. VI de l'Édition royale.)

Le sujet de ce bronze, de même proportion que le précédent, auquel il ne cède point en perfection, se fait également connaître par une inscription: *A Lucius Mammius Maximus Augustal, les citoyens et les habitons, à leurs frais.* La famille *Mammia* paraît, par les inscriptions recueillies Herculanum, avoir été l'une des plus distinguées de la cité; elle était entrée par adoption dans la famille *Annia*, très-considérée à Rome, à Naples, et dans toute la Campanie. On apprend encore, par les mêmes autorités, que notre Lucius Mammius Maximus vivait vers les dernières années de Claude, et qu'il devait être riche, ayant élevé des statues à l'impératrice Livie, à Germanicus, à Antonia, mère de Claude, et à Agrippine, épouse de cet empereur. La dignité, exprimée par le titre d'*Augustal*, était un sacerdoce institué par Tibère, en l'honneur d'Auguste (*Sodales Augustales*), conféré par le sort à des personnes d'un rang distingué dans Rome. On en créa ensuite dans toutes les villes de l'Italie et de l'empire, en l'honneur de tous les Empereurs: c'était dans l'origine une charge, militaire créée par Auguste lui-même, et sous ce rapport, les augustaux étaient inférieurs aux décurions: sous le rapport religieux, ils formaient un ordre distingué, exerçant une jurisdiction dans les choses sacrées, et ayant une place assignée dans les spectacles publics: c'est ce qu'on relève de diverses inscriptions publiées par Muratori (*MMXXV, 3,* et *CCCCLXXV, 3*); Gruter (*CCXV, 2*); Fabretti (*Insc. C. 3, n. 324, p. 170.*) etc. Notre personnage porte un anneau dont la pierre est sans incision. Cette statue, trouvée avec la précédente, dont elle forme le pendant, était dans son intégrité, à l'exception de l'avant-bras droit qui s'en trouvait détaché, mais qui lui appartient.

Hauteur, 6 P. 6 pouces.

PLANCHE LII.

(P. 90, t. VI de l'Édition royale.)

À ses grosses lèvres et à son nez écrasé, on reconnaît, dans cette petite figure, un Éthiopien, ou du-moins un homme de quelqu'une de ces nations africaines, que les anciens confondaient, à raison de leur ressemblance entr'elles, et de leur voisinage. Ces nations fournissaient le monde de saltimbanques, qui faisaient métier de leur souplesse et de leur adresse. On les appelait dans les festins pour servir de divertissement. Lucien peint ainsi un petit homme difforme, dansant, faisant mille contorsions, récitant des vers avec des gestes ridicules, et affectant la prononciation égyptienne. Celui-ci représente la même action; il a pour vêtement une espèce de chemise sans manches, qu'Arrien donne pour vêtement aux Indiens (*Hist. Ind. 16, p. 380.*)

Hauteur, 6 pieds.

PLANCHE LIII.

(*Vignettes p. 9, 11 et 3, 413, 414 de l'Édit. royale.*)

Les trois petites statues équestres réunies dans cette planche, sont de bas-relief. Trouvées avec les débris du char dont nous avons fait mention pl. 36 de ce volume, il est vraisemblable qu'elles lui appartenaient comme ornement. L'une représente un vieillard qu'on reconnaît pour un Belge ou pour un ancien Gaulois; un barbare, suivant l'expression romaine. Son costume est bien celui que décrit Strabon (*VI, p. 196:*) «Les cheveux longs; au lieu de la tunique, un habit court à manches, descendant jusqu'aux reins; les culottes ou pantalons (*braccæ*)»; d'où vint à la Gaule le nom particulier de *braccata.* Le cheval qu'il monte n'a, comme celui du premier cavalier, aucune espèce de harnais. Son maître le gouverne de la voix, ou par la pression des genoux; quelques peuples se servaient, à cet effet, d'une baguette: c'était l'usage des Numides, des Gètes, et en général des Indiens.—La troisième figure se rapporte parfaitement à ce que dit Agathias, historien grec (*liv. III*), du costume des Francs: «La poitrine et les épaules nues, ayant des pantalons qui remontent jusqu'aux hanches, et leur couvrent les jambes».—Le second cavalier est un guerrier en costume grec ou romain; son casque est orné d'un panache ou autre ornement écarté en forme de fleur: il est revêtu d'une cuirasse et d'une saie à trois rangs; ses jambes sont couvertes de brodequins; sa chlamyde volante annonce la rapidité de la course; sa main élevée est supposée tenir une lance ou une autre arme; son cheval a sur le dos un double tapis.—Le cheval isolé a un harnais qui fait en-même-temps sangle et poitrail;

ce harnais qu'on remarque sur beaucoup de chevaux antiques, semble avoir précédé l'invention de la bride, et avoir servi de moyen pour retenir ou attacher le cheval. On trouve, dans des figures de la colonne Trajane, quelques rapports sensibles avec celles que nous venons de décrire.

FIG. I.—Hauteur, 4 pouces.

FIG. II.—Hauteur, 4 pouces 6 lig.

FIG. III.—Hauteur, 5 pouces.

FIG. IV.—Hauteur, 5 pouces.

PLANCHE LIV.

(*Préface de l'Édition royale, page 9.*)

Ce bronze curieux n'est point un produit des fouilles d'Herculanum ni des environs; mais il a mérité une place parmi les monumens les plus précieux rassemblés au musée de Portici. Il fut trouvé, en 1764, dans l'île d'*Elbe*, sur les confins du territoire de Rio, entre Longone et Porto-Ferrajo, dans l'ancien port, célèbre sous le nom d'*Argo*, qu'on croit avoir été ainsi appelé du vaisseau des Argonautes qui y relâchèrent dans leur voyage. On reconnaît, dans ce bronze, le style étrusque pris l'époque la plus reculée, se rapprochant, dans sa simplicité et dans sa timidité, du style égyptien, dont le caractère principal est d'accoler au corps les bras et les jambes, et d'unir les doigts des pieds et des mains, souvent d'une longueur démesurée. Ce rapport qu'offre le goût dans les arts apportés en Italie par les Colonies grecques, avec le goût des Égyptiens, est le monument le plus irrécusable qui décèle la source des premières inventions, quoique la Grèce, ingénieuse et jalouse, en ait fait disparaître la trace par la perfection qui, d'un art humain, a fait un art presque divin. La toge qui sert d'habit à la figure, était propre aux Toscans auxquels les Romains l'ont depuis empruntée. Elle était, dans l'origine, étroite et ouverte; elle enveloppait le corps, et, laissant libres le bras et l'épaule droite, elle revenait sur l'épaule gauche. *Toga picta* exprimait l'ornement en broderie, qu'on appelait *peint* à cause de sa perfection; cet ornement est tracé avec soin sur notre bronze. Les sandales sont aussi une chaussure tout-à-fait étrusque. Le sujet de ce bronze, peu facile à déterminer, est vraisemblablement une idole qui correspond au lieu où elle a été trouvée. On croit que l'île d'Elbe, nommée *Ilva* par les Latins, *Æthalia* par les Grecs, a été habitée par une Colonie de la ville de *Populonia*, sur la côte opposée de l'Étrurie. Si la Colonie apporta le culte de ses dieux, dont les principaux paraissent avoir été Minerve, Mercure et Vulcain, ce dernier fut probablement le plus honoré dans l'île d'Elbe, dont la richesse est toute entière dans ses mines: il serait donc possible que cette figure fût celle de Vulcain ou d'un Cabire.

Hauteur, 10 p°. 7 lignes.

Fin du cinquième Volume et des Bronzes.

Milton Keynes UK
Ingram Content Group UK Ltd.
UKHW030913151124
451262UK00006B/773